Angela Ines!

Oro que Dios te hable! depender de Dios no es fácil pero se puede.

DEPENDENCIA TOTAL

CAROL TERRERO

Para: _____

De: _____

Fecha: _____

Alzare mis ojos a los montes;
de donde vendrá mi socorro?
Mi socorro viene de Jehová,
que hizo los cielos y la tierra.

Salmos 121: 1-2

DEPENDENCIA TOTAL

Autor: Carol Terrero
Contacto: (978) 631-6229
Email: agendacarolterrero@gmail.com
www.carolterrero.com

Diseño Exterior: Rogelio Estrella
Edición: Yahayra Michel-Smith
Clasificación: Religioso
ISBN-10: 1727630114
ISBN-13: 978-1727630114

Segunda Edición 2018, Publicada en Español
A menos que esté especificado, citas bíblicas tomadas de la
Santa Biblia, Versión Reina Valera 1960
© Sociedades Bíblicas Unidas

Impreso en U.S.A

DEPENDENCIA TOTAL

CAROL TERRERO

COMENTARIO SOBRE EL LIBRO

El libro, *Dependencia Total*, no es más que el testimonio vivo de lo que Dios ha estado haciendo no solo en la vida de mi esposa, sino también en la mía, las de nuestros hijos, y la de familiares que han sido parte de nuestro proceso.

Mi recomendación es que puedan leerlo con detenimiento, aprendiendo de todas las áreas en las que se puedan sentir identificados.

Entiendo que será de ayuda a muchos y les guiará a comprender la importancia de depender de Dios y no de sí mismos.

En este libro, la autora relata con detalles, vivencias y testimonios aun de los momentos más difíciles de nuestra jornada de obediencia que estoy seguro serán de gran bendición a sus vidas.

Lic. Roberto Terrero
Esposo de la autora

<u>COMENTARIO SOBRE EL LIBRO</u>

Para nosotros es una honra ser parte del trabajo preliminar de este libro, ya que hemos sido testigos por varios años de las vivencias de nuestra amiga Carol.

Vimos su valentía al tomar la decisión de servir a Dios a tiempo completo y por ende su entrada al desierto que la ha ido formando. Al mismo tiempo hemos visto el cumplimiento de cada promesa, la gloria de Dios en su vida, y la manera en que ha aprendido a depender completamente de Dios.

Admiramos su perseverancia, digna de una mujer que se considera hija y conoce el propósito de Dios para su vida. Estamos seguros de que este libro provocará en el lector un temor santo y al igual que la autora podrán aprender a caminar en la verdad revelada.

Pastores Claudio y Mariana Ponce
Centro Cristiano Adonai
Villa Gesell, Argentina

<u>COMENTARIO SOBRE EL LIBRO</u>

Nada puede reemplazar la santa palabra de Dios documentada en la Biblia, pero si hay instrumentos que pueden complementarla. Creo que este libro puede llegar a ser uno de esos instrumentos para cada uno de ustedes.

Le sirvo como testigo de muchos de los procesos aquí detallados. También le sirvo como testigo del proceso atravesado para iniciar, organizar y completar la joya que actualmente tiene en sus manos.

Le garantizo que este libro fue diseñado con usted en mente. Le aseguro que fue escrito bajo ayuno, oración, y por ende, la dirección del Espíritu Santo. Le confirmo que el contenido fue desarrollado entre lágrimas, estudio, diversas autorreflexiones e intensas conversaciones. Espero que disfrute el resultado del esfuerzo invertido en su producción.

La autora: imperfecta, pero firme en la integridad de la palabra. El libro: testimonial, pero lleno de enseñanzas. Los procesos: dolorosos, pero edificantes. La autora, sin dudas, pagó un alto precio para que todo lector tenga la oportunidad de ser confrontado, pero a la misma vez edificado.

Como maestra mi deseo es que toda persona que lea este libro lo haga con la disposición de ser instruido y participe en las auto examinaciones necesarias para que este libro tome efecto en sus vidas. Les confieso que así lo hice y como resultado aprendí nuevas cosas sobre mí misma y mi relación con Dios.

La meta es animarlo a desafiar sus propias actitudes y perspectivas a la luz de las experiencias de la autora y, aún más importante, la palabra de Dios. Qué bello sería que después de su propia experiencia con este libro, usted pueda guiar a otros por el mismo camino.

Más importante que mis deseos, recomendaciones, y afirmaciones es mi oración para el lector: Pido a Dios Padre que por medio del Espíritu Santo y en el nombre de Jesús este libro sirva para acercar cada lector a la perfecta voluntad de Dios para su vida.

Yahayra Michel-Smith
Sierva de Cristo

PRÓLOGO

Normalmente no somos muy dados a exponer nuestras verdades públicamente y mucho menos cuando las experiencias vividas han sido dolorosas. El ver que todavía existen personas dispuestas a sacrificar su privacidad para mostrar la obra que Cristo ha hecho en ellos es realmente impresionante. Puedo definir esta acción como "morir al yo", "pagar el precio" y tomar la actitud que tomo el apóstol Pablo cuando dijo: *"Y así, mientras que nosotros vamos muriendo, ustedes van cobrando nueva vida" (2 Corintios 4:12)*.

De manera que en esta obra queda plasmada la historia de una joven ministro que, a pesar de su corta vida, ha tenido que experimentar vivencias y desaciertos muy difíciles y traumáticos. Lo maravilloso es que Dios está usando todos sus procesos para ayudar muchas personas a levantarse y, sobre todo, a sanar sus corazones heridos.

Estoy plenamente convencido de que este libro será de gran ayuda para matrimonios en crisis, personas que se han apartado del señor y muchos otros que serán igualmente edificados. Tengo la certeza de que en estas páginas se esconden diversas ministraciones del Señor que harán volver al camino muchas almas que yacen desamparadas y al mismo tiempo servirán de inspiración a los creyentes.

Cabe destacar, que este libro ha sido escrito por una mujer que vivió en carne propia las experiencias aquí expuestas y que no es una mera historieta, carente de sentido vivencial. Es por esta razón que entiendo que esta obra tiene el potencial para llevar consuelo y dirección a muchas personas en necesidad.

Al leer detalladamente sus páginas, mi alma se llena de regocijo y satisfacción al saber que un libro como este ayudará a tantas personas afrontar sus procesos con esperanza. Aun cuando el mundo parece sucumbir ante ellos, podrán superar sus obstáculos, desarrollando una dependencia total de Dios. Sé que este libro será como un bálsamo que les dará alivio mientras son encaminados hacia el propósito que Dios diseñó para sus vidas.

Pastor Rolando Gonzalez, PhD
Iglesia Asamblea de Dios
Director, Seminario Internacional de Miami
Haverhill, Massachusetts, USA

<u>DEDICATORIA</u>

Dedico este libro a todos aquellos que han obedecido al llamado de Dios en sus vidas y han decidido hacer la voluntad de Dios por encima de sus propios deseos.

Dedico este libro específicamente a personas que por diferentes circunstancias en sus vidas no han podido tomar la decisión de empezar a caminar hacia su destino profético.

Dedico este libro a los hijos y familiares de ministros, agradeciendo su tiempo prestado y los sacrificios que han tenido que hacer a favor de la obra de Dios. Finalmente, lo dedico a aquellos que todavía descansan en sus propias fuerzas y no han experimentado el depender de Dios totalmente.

Carol Terrero

AGRADECIMIENTOS

Quiero agradecer primeramente a mi Señor y Salvador Jesús Cristo, por quien vivo y a quien sirvo, por ser simplemente mi motivo y mi mayor fuente de inspiración.

Al Espíritu Santo, mi amigo, mi fiel compañero y mi consolador, quien ha estado conmigo paso a paso revelándome verdades que nunca imaginé conocer, hasta de mí misma. Su presencia, ha sido mi mayor estimulo.

A los héroes anónimos cuyos nombres tal vez no figuren en los créditos de este libro, pero quienes han sido el motor que me mantuvo en marcha hasta lograr tenerlo en mis manos a través de sus incansables oraciones a mi favor.

A mi familia por ser un soporte esencial durante este tiempo.

A mi hermana y amiga Yahayra Michel-Smith (Yaya) por ayudarme a mantener la integridad y veracidad en cada letra y ayudarme a mantenerme de pie en mis flaquezas.

¡Sin ustedes no hubiera sido posible, Gracias!

Carol Terrero

<u>CONTENÍDO</u>

ANTES DE COMENZAR
Nota del Editor

Lo Que Este Libro No Es

Los testimonios compartidos en este libro reflejan las experiencias de la autora. Sus pensamientos, decisiones, reacciones y comportamientos se detallan con una sinceridad extraordinaria. Pero estos no pretenden ser el peso por el cual usted va a calibrar sus propias decisiones. Simplemente son las experiencias de una persona que experimenta un proceso específico con un objetivo específico.

Lo Que Este Libro Si Es

El objetivo es dar a cada lector la oportunidad de reflexionar sobre sus propios procesos, convicciones, familia, ministerio y relación con

Dios. Por lo tanto, preguntas reflexivas y pensamientos para considerar están entrelazados en la narración de la autora.

Este libro no contiene una historia más. Le brinda a cada lector la oportunidad de analizar su pasado con el fin de realinear su futuro. Incontable tiempo y oración fueron invertidos para producir cada palabra, idea, y pregunta reflexiva incluida en este libro. Por tanto, le recomendamos que lo use como el instrumento transformador que es.

Depende

Entendemos que el lugar en donde se encuentra en su caminar con Dios afectará la forma en la cual usted va a interactuar con este libro. Consecuentemente, le recomendamos que realice una evaluación sincera de su jornada con Dios antes de continuar con el contenido principal de este libro. A continuación le presentamos algunas preguntas que serán de ayuda en esta reflexión inicial. Las respuestas a las mismas son solo suyas, pero sumamente importantes ya que fueron diseñadas para ayudarle a entender el nivel de madurez en el cual se encuentra.

1. *¿Es usted un nuevo creyente que necesita aprender los fundamentos de la fe?*

2. *¿Mantiene usted una relación íntima con Dios que permite que Él revele Su voluntad y propósito para su vida?*

3. *¿Está actualmente siendo procesado para desarrollar las estrategias y habilidades que va a necesitar para la siguiente etapa en su caminar?*

4. *¿Está usted tratando de discernir cuándo y cómo Dios quiere que de su próximo paso?*

Hay distintos elementos de cada una de estas etapas en el contenido de este libro. El desafío para usted es distinguir entre lo que aplica a su vida en este momento y lo que aplicará más adelante. El reto es afinar sus dones espirituales y permitir que el Espíritu Santo le guie.

Como Interactuar Con Este Libro

Este libro se puede leer de manera casual. Incluso, se puede leer en un par de sesiones. Sin embargo, nuestra recomendación es que lo lea con detenimiento y propósito. Le instamos a que lo utilice como una herramienta que le guiará hacia una autoevaluación profunda.

Nuestro deseo es que aprenda por medio de las experiencias de la autora. Pero estamos orando para que pueda considerar, identificar, aprender y responder a las suyas. Lo que pueda aprender por medio de sus propios procesos es mucho más valioso que lo que pueda aprender a través de las experiencias de otros. Realmente el libro es testimonial, pero se trata más de usted que de la autora.

Resista la tentación de leer más de un capítulo por día. Le animamos a orar cada vez que lea partes de este libro y pida a Dios que use esta experiencia para dirigir y transformar su vida.

Comparta Su Experiencia Con Otros

Le animamos a que escriba sus pensamientos y experiencias en los espacios provistos y considere compartirlos con otros. Anhelamos que este proceso de compartir inicie una cadena que encienda el potencial depositado en este libro. Qué hermoso sería que después de que cada lector experimente esta jornada, él o ella pueda guiar a otros por el mismo camino.

Comparta Su Experiencia Con Nosotros

Deducimos que no vamos a poder medir adecuadamente el efecto que este libro tendrá en las vidas de las personas que lo van a leer, pero a la misma vez entendemos que si solo se *aproxima* a la voluntad de Dios, superará nuestras mayores expectativas. Por favor considere compartir sus testimonios y experiencias con nosotros. Sobre todas las cosas, permita que sea Dios, por medio del Espíritu Santo que guie este viaje. ¡Disfrute la jornada!

Yahayra Michel-Smith

INTRODUCCIÓN

Una de las cosas más difíciles que he hecho en mi vida es tomar la decisión de escribir. Siempre que un soñador se determina a cumplir sus sueños aquellos que dudan, juzgan o critican no se hacen esperar. Por tanto, hace falta una buena dosis de fe y convicción para atreverse a dar pasos que nos acerquen a dichos sueños por encima de las opiniones de los incrédulos.

Meditando en un pasaje de la Biblia que habla de la tentación de Jesús en el desierto (**Mateo 4**), vino a mi mente lo importante que es escribir. Me impactó tanto la manera en que Jesús contestó al diablo iniciando cada una de sus respuestas con la frase *"escrito está"*. De esta forma haciéndole saber que la voluntad del Dios Padre no solo fue declarada, sino establecida al ser escrita y, al ser escrita, se convirtió en evidencia que no podía ser ignorada. Dicha evidencia, no solo fue usada por Jesús en el desierto, sino que también nosotros podemos usarla para combatir tentaciones del tiempo presente.

El apóstol Pablo escribió muchas de sus cartas en momentos críticos de su vida como la carta a los Filipenses, la cual escribió aun en medio de su traumático encierro en una cárcel. Al igual que Pablo, yo también he tenido que plasmar mis más íntimos sentimientos en este libro. He contado mi historia sin reservas, revelando mis pensamientos, memorias, testimonios y vivencias con el objetivo de impactar positivamente las próximas generaciones. Por esta razón, tomé la decisión de contar una parte de mi vida a través de este libro, el cual evidencia el favor de Dios en mi vida.

Escribir este libro en particular ha sido sumamente difícil puesto que es una historia en proceso. En él, hablo de todo lo que he estado viviendo en los últimos tiempos y el impacto trascendental que ha tenido en mi vida, ministerio y familia. Aunque doloroso, contarlo precisamente en este momento será de gran beneficio puesto que las emociones de este proceso estarán a flor de piel y sinceramente expuestas en cada una de estas líneas. Lo hice entendiendo que ayudaría a muchas personas que atravesarían situaciones similares y por tanto valdría la pena hacer el esfuerzo.

Mi oración es que este libro quede como la exhibición pública del proceso que he atravesado cuando me atreví a darle mi sí a Dios. He entendido que hay un alto precio a pagar para alcanzar el propósito que Dios diseñó para mi vida. Estoy verdaderamente dispuesta a pagarlo hasta descubrir la buena voluntad de Dios, *"agradable y perfecta"* **(Romanos 12:2)**, mediante una dependencia total.

Este libro está dirigido especialmente a aquellas personas que se han negado a sí mismos para hacer la voluntad de Dios, han elegido ser fieles a su llamado y han decidido poner a Dios en primer lugar en sus vidas. Abrazo la esperanza de que mi testimonio les ayude a cobrar animo hasta poder atravesar el desierto con gozo y vencer temores con la plena confianza de que Dios tiene perfecto control de nuestras vidas. Oro que este libro les inspire a adquirir la valentía necesaria para contar su propia historia. Descubriendo así lo poderoso de revelar cosas que ocultas no tienen ninguna trascendencia, pero una vez descubiertas, tienen el poder de ayudar a levantar a otros.

Oportunidad Para Auto Reflexionar

¿Puedes discernir si el proceso que estás actualmente atravesando es crítico para tu desarrollo espiritual? ¿Qué has aprendido de ti mismo a través de este proceso?

Oportunidad Para Auto Reflexionar

¿Estás de acuerdo con la autora cuando dice que hay un alto precio que pagar para alcanzar el propósito de Dios en nuestras vidas? ¿Estás dispuesto a pagarlo?

CAPÍTULO 1: CUANDO LE DI MI SÍ A DIOS

El Espíritu de Jehová el Señor está sobre mí, porque me ungió Jehová; me ha enviado a predicar buenas nuevas a los abatidos, a vendar a los quebrantados de corazón, a publicar libertad a los cautivos, y a los presos apertura de la cárcel.

Isaías 61:1

CAPÍTULO 1: CUANDO LE DI MI SÍ A DIOS

A la edad de 11 años le entregué mi vida a Dios. Un vecino de infancia se interesó en predicarme y llevarme al lugar donde se congregaba. Acepté a Jesús como mi salvador y decidí serle fiel sabiendo que desde ese momento mi vida había cambiado por completo. Aun a tan temprana edad empecé a predicar en las calles, hospitales, y transportes público.

Una noche en medio de un evento evangelístico un hombre muy usado por Dios visitó mi congregación. Mientras ministraba la multitud, escuché claramente como me llamó por mi nombre. Aquel hombre afirmaba que Dios le había ordenado que ungiera mi garganta y orara por mí. Dijo tantas

cosas que honestamente en el momento no las creí.
Mientras el profetizaba yo pensaba en la realidad
que estaba viviendo. No entendía que él estaba
viendo futurísticamente lo que Dios había diseñado
para mi vida. Con mucha seguridad decía que yo
no continuaría viviendo en La República
Dominicana, sino que muy pronto saldría del país a
cumplir el propósito de Dios. Oraba y declaraba
palabras de fe sobre mí asegurando que Dios me
usaría en el canto y que sería enviada a predicar su
palabra en todas partes del mundo.

Aquella noche fue un tanto confusa para mí.
No podía asimilar las tantas promesas que Dios me
hacía atreves de este hombre pensando más en que
algunas veces no tenía zapatos, uniformes, ni útiles
escolares. En ocasiones no teníamos que comer y
este hombre me hablaba de viajar el mundo.
Parecía imposible lo que decía, pero aun en medio
de mi confusión y a pesar de la realidad en la que
vivía, empecé a creerlo. En mis oraciones pedía a
Dios que simplemente me permitiera ver el

cumplimiento de cada una de las promesas que escuche de la boca de aquel profeta.

Luego de unos meses comencé a ensayar canciones. Un buen amigo fue uno de los primeros en creer conmigo. Recuerdo como invertía su tiempo y conocimientos para enseñarme antes o después de cumplir con las responsabilidades que tenía con el grupo musical al que pertenecía. Hacía lo posible para ayudarme a ensayar mis canciones y juntos ministramos en la congregación incontables veces.

Cada vez aprendía más y cada oportunidad me daba más confianza de continuar. Yo nunca había cantado, ni sabía que era capaz de hacerlo, pero sentía que mientras más oraba y cultivaba mi relación con Dios, mejor lo hacía. Era increíble lo que estaba sucediendo. Nunca fui a una escuela de música, no podíamos pagarla, pero Dios se estaba encargando de entrenarme a través de su Espíritu Santo. Poco a poco fueron llegando oportunidades de ir a cantar en diversas congregaciones y eventos al aire libre. De esta manera empezó mi pasión por la música.

Fui afortunada al tener un hombre capaz, fiel a su llamado, y lleno del amor de Dios como mi principal maestro. Este hombre enseñaba aun sin abrir su boca. Su vida era un ejemplo a seguir y su intachable trayectoria desde ese entonces se había convertido en mi modelo. Había visto ya tanta violencia en mi entorno y tantos malos ejemplos de los hombres que me rodeaban, que el conocerlo fue refrescante. Su sabiduría era inmensurable y su sola presencia me infundía paz.

Tal parece que Dios me había premiado con un sólido grupo de personas escogidas para formarme, no solo espiritualmente, sino también como persona. Una de ellas es una mujer maravillosa a quien considero mi segunda madre. Ella fue el espejo en que me veía reflejada. Tuve el privilegio de ser enseñada y capacitada por ella por muchos años. Me enseñó a orar y a amar a Dios por sobre todas las cosas. Por medio de ella aprendí de honra, respeto, fidelidad y prudencia, entre muchas otras cosas.

Se entregaba sin reservas, algunas veces como héroe anónimo, haciendo cualquier sacrificio para cumplir su propósito de enseñar y formar jóvenes para el servicio de Dios. Hasta el día de hoy multiplicarse en nosotras sigue siendo una de sus principales pasiones. Aprendí con esta mujer virtuosa que el mayor regalo que podemos darle a alguien es nuestro tiempo y que nuestras habilidades y conocimientos no son nuestros, sino que están al completo servicio de Dios.

Uno de los tesoros más preciados que todavía conservo de estas primeras experiencias siendo formada para servir a Dios, es el haber aprendido con ella a enseñar. Puedo decir con certeza que hoy soy maestra gracias a su ejemplo y mi anhelo es lograr multiplicarme en otros de la misma manera en que ella lo hizo conmigo.

Algunos años después comencé a ver aquellas palabras proféticas hacerse realidad y a mediados del año 1994 salí del país hacia Puerto Rico. Rápidamente me integré en una congregación de la comunidad y comencé a cantar y ministrar junto a ellos. Aun con dificultades, seguía firme en mi decisión y no olvidaba que había dado *mi sí a Dios.*

Luego de un par de años, me vi obligada a viajar a los Estados Unidos y a través de un amigo conocí la que todavía es la congregación a la que pertenezco. Por un espacio de 18 años, lamentablemente interrumpidos, he servido en el departamento de música y en el ministerio de educación, enseñando niños y adolescentes. Este hermoso lugar, que todavía es mi casa, ha sido un lugar de refugio donde he cultivado hermosas relaciones por casi dos décadas. Mi actual pastor, un hombre de reputación intachable, fe inconmovible, y amante de la oración, ha sido un gran aporte a mi vida espiritual modelándome integridad, responsabilidad y amor por la obra.

Durante estos años, siendo parte de la familia de servidores de esta congregación, fue cuando Dios me mostró con claridad cuál era mi llamado. Aun habiéndole dado *mi sí a Dios* en mi adolescencia y teniendo la disposición de servirle, no sabía lo que eso significaba verdaderamente. Muchos de nosotros pronunciamos esas palabras, algunas veces con la mejor intención, pero una vez nos llega el momento de hacerlas realidad somos confrontados con su verdadero significado. En ese momento es cuando entendemos los sacrificios que debemos hacer para dar un sí genuino a Dios y negarnos a nosotros mismos.

Meditaba en la manera en la cual los primeros seguidores de Jesús, sin titubear, le dieron su *sí,* abandonando inmediatamente sus ocupaciones, sus deseos y su voluntad, solo para seguirle y convertirse en sus discípulos. Me llama la atención la manera en que la Biblia relata las interacciones que tuvo Jesús con cada uno de ellos y la forma en que respondieron rápida y voluntariamente a una simple palabra, "*sígueme*" (**Marcos 2:14**). En el caso de Pedro, Jesús le hizo el llamado estando en plena barca trabajando en su oficio de pescador (**Juan 21:22**). En el caso de Mateo recaudando impuestos (**Mateo 9:9**) , ¿y qué decir de Lucas quien era médico? Cada uno de ellos haciendo un sacrificio de amor por una causa mayor. Me sorprende la forma en que estos, los primeros seguidores de Jesús, quienes hoy nos sirven de ejemplo, no lo cuestionaron, sino que simplemente le siguieron.

Hoy en día a muchos de nosotros se nos hace difícil aceptar ese reto; cuestionamos nuestro llamado, postergamos la decisión, y fabricamos excusas. Nos da tanta dificultad permitir que Dios nos use a la manera suya y a su tiempo, haciendo su voluntad y no la nuestra. A algunos nos llega el momento donde estamos muy cómodos sirviendo en las cuatro paredes de nuestras congregaciones o nos encontramos muy involucrados en nuestras actividades seculares que al ser confrontados con un *"sígueme"* no somos capaces de dar un *sí a Dios.*

Por muchos años supe que fui escogida como instrumento de Dios, pero no me fue fácil entender que al dar un *sí* estaba intencionalmente despojándome de mi voluntad y permitiendo que fuera Él quien gobernara mi vida completamente. Pasaban los años y yo continuaba fabricando excusas, mientras Dios ponía en mi cada vez más una gran pasión no solo por la música, sino también por evangelizar y ministrar las vidas.

Entendía que todas las circunstancias de mi vida, que se habían convertido en testimonio de su grandeza, debían ser contadas, pero no me atrevía a dar el paso para hacerlo. En ese tiempo mi esposo no era cristiano y por muchos años usé esto como mi principal excusa. Asumía que en su condición el no entendería mi compromiso u obediencia al llamado de Dios. Yo pensaba que hasta que él no estuviera sirviendo a Dios no sería capaz de comprender el tiempo que yo estaría dedicando a predicar el evangelio y hacer discípulos. Pero las verdaderas razónes de mi indecisión eran temores e inseguridades que constantemente me hacían la guerra. Llegué a pensar que mi servicio cada domingo cantando y enseñando niños era suficiente. Estaba llena de temores, complejos e inseguridades que ya se habían convertido en fortalezas en mi mente y no me permitían avanzar hacia el destino que Dios había diseñado para mí.

Uno de los principales errores que muchos cometemos es subestimarnos, pensando que no podemos o no somos capaces. En muchas ocasiones nos comparamos con otros y automáticamente nos descalificamos nosotros mismos. Cada uno de nosotros fue diseñado con un propósito específico, llegar a conocerlo y permitir que se haga real en nosotros es el mayor reto. Más difícil aun es poder derribar las fortalezas mentales que nos detienen.

A todos se nos fue dado libre albedrío y usarlo con liberalidad en muchas ocasiones nos separa de la verdadera voluntad de Dios. Elegimos lo que hacemos, como lo hacemos y muchas veces cuando lo hacemos sin tomar en cuenta que Él es quien debe guiar cada área de nuestras vidas. Permitimos que se levanten argumentos mentales que nos infunden miedos y por ende nos alejan cada vez más de un perfecto alineamiento a la voluntad de Dios para nosotros. El miedo nos frena, nos paraliza, nos detiene, y nos encarcela en prisiones de dudas que nos impiden alcanzar no solo nuestros sueños, sino también los sueños de Dios.

Un día durante un tiempo de ayuno y oración pedí dirección a Dios sobre mi situación, sentía que había faltado a mi intención original de servirle y que había menospreciado todos aquellos planes que le fueron revelados al profeta en mi adolescencia.

Me di cuenta de que había escrito tantas

canciones que simplemente escondí y revisaba predicas que nunca logré compartir públicamente. Sentí que había estado perdiendo el tiempo sin obedecer al llamado que Dios me había hecho tantos años atrás.

Me sentí confrontada con el "*sígueme*" de Dios. Llegué a entender que no estaba haciendo lo que debía hacer y vivía en una rutina a la cual estaba muy acostumbrada. Me sentía cómoda y me atemorizaba la idea de verdaderamente poner a Dios en primer lugar y como mi principal prioridad. El temor a todo lo incierto, desconocido, doloroso y difícil de una vida consagrada enteramente al llamado de Dios arropaba mi mente. En ese tiempo de intimidad fue cuando pude entender que la causa de Cristo era más importante que mi propia vida.

Al estudiar las vidas de los apóstoles, quienes llegaron al extremo de morir por la causa de Cristo, me sentí avergonzada por haber vivido cómodamente conforme a mis deseos y no haber sido en realidad un seguidor de Cristo. Ese día decidí entregar mi voluntad completamente y me comprometí desde ese entonces a hacer todo lo que fuera necesario para cumplir el propósito que Él había establecido en mi vida cuando me dijo "*sígueme*".

Descubrí que al ser llena del Espíritu Santo todo mis miedos e inseguridades se desvanecían de una vez por todas. La Biblia cuenta en el libro de los **Hechos (1:8)** como antes de su ascensión Jesús dijo a los apóstoles que recibirían poder cuando viniera sobre ellos el Espíritu Santo y entonces le serian testigos hasta lo último de la tierra. En ese momento esa palabra se reveló a mi vida y entendí que lo único que me hacía falta era ser empoderada por el Espíritu Santo. Finalmente fui capaz de dar un *sí* genuino, sabiendo que el camino no sería fácil, pero entendiendo que no haría nada basado en mi propia voluntad, sino que desde ese momento en adelante me convertiría en un soldado de Cristo **(2 Timoteo 2: 2-4)**.

Oportunidad Para Auto Reflexionar

¿Qué hacemos cuando la realidad que vivimos no nos permite asimilar las promesas de Dios a nuestras vidas?

Oportunidad Para Auto Reflexionar

¿Qué decisiones tomamos cuando entendemos que no tenemos los recursos o la capacidad para ejercer los proyectos que Dios ha diseñado para nosotros?

Oportunidad Para Auto Reflexionar

¿Cómo te sientes cuando piensas en las personas que fueron instrumentales para el desarrollo de tu fe? Estás dejando, al igual que ellos, un legado para la próxima generación?

Oportunidad Para Auto Reflexionar

¿Has sentido la certeza de que Dios te ha llamado a seguirle? ¿Como respondiste a este llamado?

CAPÍTULO 2: SACRIFICANDO MI ISAAC

No os conforméis a este siglo, sino transformaos por medio de la renovación de vuestro entendimiento, para que comprobéis cuál sea la buena voluntad de Dios, agradable y perfecta.

Romanos 12:2

CAPÍTULO 2: SACRIFICANDO MI ISAAC

Hablar de mi renuncia laboral todavía duele. Ha pasado más de un año y ha sido un tiempo muy fuerte de adaptación. Todavía se me hace difícil acostumbrarme a muchos aspectos de mi nueva vida. Han pasado tantas situaciones difíciles desde el momento en que decidí renunciar a mi empleo, que el solo pensar en ellas me dificulta hacer este relato.

Septiembre 1997 empezó mi jornada laboral en una compañía de telecomunicaciones muy prestigiosa. Recuerdo que siendo solo una joven de 19 años recibí una oportunidad deseada por muchos. Mi padre, quien ha sido siempre mi mayor motivador, mi fan número uno, siempre vio en mi más allá de lo que se ve a simple vista. Ante mis dudas, su respuesta siempre fue, "tú si puedes".

Aunque en ese momento yo cursaba el inglés como segundo idioma y no tenía la preparación necesaria, él estaba seguro de que mis limitaciones no serían impedimento para aspirar a un puesto en esa empresa. Se atrevió a iniciar el proceso de solicitar empleo para mí y no descansó hasta que obtuvo una entrevista. Viajando casi una hora, me llevó hasta las oficinas administrativas. Esperé mi turno cuan Moisés a la espera de su entrevista con Faraón pues me sentía honestamente incapaz. Caminé hacia la oficina llena de temor porque hasta ese momento no dominaba el idioma.

Entiendo que ese día la gracia y el favor de Dios me cubrían. Todavía me causa risa la manera jocosa en que contesté una de las primeras preguntas de la entrevista. La entrevistadora me hizo una pregunta sumamente apropiada: "¿Tienes alguna experiencia en el área de ventas?" Sin dudar, respondí, "¡sí!" Luego me pidió que abundara y ahí es donde definitivamente el favor de Dios estuvo conmigo. Mi respuesta le sorprendió tanto que aun en medio de su confusión no paraba de reír.

Mientras tanto yo le explicaba con detalle mi experiencia vendiendo "habichuelas con dulce" al frente de mi casa en la República Dominicana a la edad de aproximadamente 11 años. Le expliqué la manera en que se hacía ya que ella nunca había escuchado acerca de este postre. Ella continuaba riéndose mientras yo le hablaba de mi habilidad de venderla al por mayor reduciendo precios por comprar más de una porción. Ella tomó un momento e hizo la pregunta nuevamente: "¿Tienes alguna experiencia en el área de ventas?" Volví a contestar "¡sí!", añadiendo lo siguiente: "Si fui capaz de vender habichuelas con dulce, le aseguro que seré capaz de vender cualquier cosa." Totalmente sorprendida y sin entender lo que estaba sucediendo me dijo: "No sé porque estoy haciendo esto, pero te voy a dar esta oportunidad. Aunque no tienes la experiencia que estamos buscando, siento que puedes aprender fácilmente. Solo te pido, no me decepciones."

Ese día comenzó todo. Posteriormente pude no solo terminar de aprender el idioma, sino que también fui la primera persona hispanoparlante en ese departamento. Con el tiempo mi puesto se convirtió en imprescindible. Mis habilidades eran cada vez más necesarias para la empresa, ya que la población hispana en esa área crecía rápidamente. Poco a poco ella se dio cuenta que no la decepcioné y que, aunque había tomado un gran riesgo ofreciéndome el empleo, tanto que tuvo que defender su decisión delante de todos los otros gerentes que se opusieron, había valido la pena.

Construí muy fuertes cimientos en ese lugar. A través de los años gané la confianza y el respeto de los que se opusieron, logrando así permanecer casi dos décadas con una carrera exitosa.

No es hasta principio del año 2016 que fui confrontada con la decisión de renunciar a mi carrera secular y comenzar a trabajar para Dios a tiempo completo. Nunca había estado tan segura de una decisión como esta vez. Sabía que era una orden directa de Dios. No solo me lo había hecho sentir directamente a mí, sino que en el transcurso de ese año fui recibiendo diversas confirmaciones. Cada profeta me daba la misma palabra: *"Dios necesita todo tu tiempo"*.

Yo rehusaba creerlo, pero mientras más tiempo pasaba más confirmaciones recibía. Dios me hacía saber de muchas maneras que esta decisión era inevitable. Tanto así que mientras predicaba en el estado de New Jersey (USA), Dios me usó para darle la misma palabra a otra persona. Al decirle, *"Dios necesita todo tu tiempo"*, sentí que me estaba predicando a mí misma y no pude contener mis lágrimas. Así fue como luego de un tiempo de oración e intimidad con Dios, me sentí segura de la decisión. En marzo de ese mismo año empecé a prepararme mental, espiritual y emocionalmente hasta llegar a la aceptación de que todo lo que conocí como mi vida laboral por casi veinte años terminaría. Simplemente era tiempo de obedecer a Dios.

Estaba siendo probada con algo muy delicado. En ese momento me sentí como Abraham cuando Dios le ordenó que sacrificara a Isaac, su hijo, en holocausto **(Génesis 22:2).** Empecé a entender que Dios ya me había estado preparando para ese momento y que simplemente no me había dado cuenta. Decidí poner todo en orden para terminar ese año de trabajo secular y *sacrificar mi Isaac.*

Mientras el año transcurría, no encontraba la forma de comunicarle a mi esposo lo que Dios me había pedido que hiciera. Sabía lo que significaría para nosotros como familia vivir por fe sin recibir un sueldo fijo de mi parte. Me daba vergüenza decirle que desde ese entonces estaría encargado de cubrir todos los gastos de la familia sin mi ayuda.

En medio de todo esto yo seguía buscando dirección y confirmación de Dios para estar completamente segura de lo que estaba por hacer. No solo necesitaba la aprobación de Dios, sino que también necesitaba estar en perfecto acuerdo con mi esposo para mantener la armonía en mi hogar. *"La mujer sabia edifica su casa"* (**Proverbios 14:1**). Esta palabra me mantuvo pensando en que, aunque debía obedecer a Dios al mismo tiempo debía mantener el orden y la estabilidad en mi hogar.

Durante el año, le había mencionado como una idea futura lo de mi renuncia, pero nunca le informé concretamente la fecha. Unas semanas antes de la fecha límite en la que debía entregar la carta presentando mi renuncia formal fue cuando tuve la valentía de finalmente contarle. Su reacción no me sorprendió. Sospechaba que con sobrada razón estaría molesto. Las siguientes dos semanas estuvieron llenas de incertidumbre ya que el decidió no hablarme. Pasamos días muy difíciles con el trato del silencio. Mientras tanto me encerraba en mi cuarto de oración pidiéndole a Dios que tratara con él y le revelara la importancia de esta decisión. Necesitaba que el llegara a entender que el renunciar a mi empleo no era mí voluntad, sino que simplemente estaba haciendo la voluntad de Dios.

Cuando el decidió hablarme me dijo aun visiblemente molesto y confundido que me apoyaría mientras esto fuera la voluntad de Dios. Recibir esta respuesta fue un gran alivio porque entonces podría continuar con los planes sabiendo que no estaría faltándole al hacer algo sin su aprobación. Es muy importante como mujeres de Dios que en todo lo que hagamos honremos a nuestros esposos como cabeza.

Al superar esta prueba, pensé que lo difícil había pasado. Uno de los privilegios de los que gozaba era el poder trabajar desde mi propia casa. Esto me facilitaba balancear mis actividades diarias, la cual incluía estar disponible para mis hijos. Fue precisamente en ese momento que mi jefe me informó que ya no podía continuar trabajando desde la casa. Faltaban un total de cinco semanas para mi último día laboral y debía abandonar la comodidad de la oficina remoto en mi casa y regresar a la oficina.

Para mi regresar a la oficina en ese momento fue muy difícil ya que una vez regresara tendría que contestar las preguntas de mis curiosos compañeros: "¿Porque renuncias?" "¿No será que te despidieron?" "¿Tienes otro empleo?" Estas eran algunas de las preguntas que me hacían a diario. Simplemente no entendían que había decidido entregar mi empleo voluntariamente para invertir todo mi tiempo al servicio de Dios.

Recuerdo que uno de mis compañeros vino un día temprano en la mañana y me dijo: "Ya sé lo que tienes que hacer, no vengas a la oficina tres días consecutivos y así ellos tienen que despedirte por ley y puedes recibir la remuneración del estado". Añadió de manera sarcástica, "sigues haciendo la obra y al mismo tiempo tienes un pequeño sueldo por hasta tres años." No niego que fue una sugerencia muy tentadora. Recordé que al decidir entregar mi empleo también entregaba todos los beneficios que eran parte del mismo como plan de retiro, seguro médico, seguro de vida y por supuesto mi sueldo del cual dependía. Dejar mi solvencia económica, mi estabilidad financiera y todo lo que me hacía sentir socialmente segura fue sumamente difícil, pero Dios empezó a enseñarme mediante esta decisión lo que era una dependencia total.

Venciendo la tentación ignoré lo que dijo el compañero y continué mi proceso hasta que finalmente llegó el día de entregar mi carta de renuncia. Terminé de redactar la carta, respiré hondo, la envié y al hacerlo no pude evitar llorar profundamente. Salí al estacionamiento y sentada en mi vehículo por un lapso de aproximadamente una hora solo repetía estas palabras que hasta el día de hoy son un eco en mi mente *"Señor, no quiero hacer mi voluntad sino la tuya."*

A través de esta experiencia comencé a aprender lo que era realmente obedecer a Dios por encima de todo. Pude no haber tomado esta decisión ya que todos tenemos libre albedrío. Esto fue el comienzo de todo el proceso que debía vivir para demostrarle a Dios que creía en cada una de sus promesas. Tenía que mostrarle que estaba dispuesta a sacrificar lo que fuera necesario por servirle y hacer Su voluntad. Entiendo que de no haberlo hecho nunca hubiera realmente comenzado a caminar en el propósito de Dios para mi vida.

Pensamientos Que Considerar

Dios no trata con todos de la misma forma, puede que esa no sea tu experiencia y que lo que Dios te pida no sea tu empleo, pero para algunos hay cosas que pretendemos poner en primer lugar en nuestras vidas y sin darnos cuenta se convierten en un dios para nosotros. Dios nos prueba de muchas maneras para asegurarse que seremos capaces de administrar el futuro que ha diseñado para nosotros. Creo que al igual que Abraham pase la prueba.

No importa cuál sea tu circunstancia, lo importante es obedecer en el tiempo perfecto de Dios. Dios es omnisciente y conoce las intenciones de nuestros corazones pero nos ayuda a entender esa intenciones, por medio de una serie de procesos diseñados específicamente para nosotros.

Oportunidad Para Auto Reflexionar

Hay momentos en los cuales Dios nos pide que le entreguemos algo que tenemos. En otros momentos nos pide que esperemos recibir algo que estamos anhelando. ¿Qué te está pidiendo Dios en este momento?

Oportunidad Para Auto Reflexionar

¿Qué estás dispuesto a hacer para demostrar tu obediencia a Dios?

Oportunidad Para Auto Reflexionar

¿Estás dispuesto a hacerlo en el tiempo de Dios y no en el tuyo?

CAPÍTULO 3: El ORGULLO QUE NO SABIA QUE TENÍA

Pero Dios me ha contestado: Mi amor es todo lo que necesitas. Mi poder se muestra en la debilidad. Por eso, prefiero sentirme orgulloso de mi debilidad, para que el poder de Cristo se muestre en mí.

2 Corintios 12:9 (TLA)

CAPÍTULO 3: EL ORGULLO QUE NO SABÍA QUE TENÍA

He aprendido muchas lecciones importantes en este proceso de dependencia total, pero una de las lecciones que más ha impactado mi vida es enterarme de que poseía una gran dosis de orgullo, aunque estaba muy bien disimulado y escondido.

Unos de los errores que más comúnmente cometemos es no pedir ayuda cuando la necesitamos. Algunos no la pedimos porque simplemente no sabemos cómo hacerlo, pero otros no lo hacemos por orgullo. No queremos que los demás se enteren de nuestras necesidades y asumimos que estaríamos debiendo favores a cambio.

Es difícil aceptar que una persona cristiana alimente el orgullo en su vida y es precisamente por esta razón que no nos damos cuenta de que lo tenemos. Afirmamos, "yo no soy una persona orgullosa" muchas veces tratando de convencernos a nosotros mismos. Lo disfrazamos con la famosa "independencia" o "autosuficiencia" con la que nos presentamos ante el mundo intentando no mostrar debilidad.

Durante este tiempo de aprendizaje yo entendía que como había sido una decisión personal entregar mi empleo y dedicarme a la obra de Dios a tiempo completo, tal vez no debía pedir ayuda a nadie. Lo menos que quería escuchar era el popular "te lo dije". Para mí escuchar esa frase sería como admitir que estaba errada o que no había actuado en el tiempo de Dios.

Pensé que depender de Dios y esperar su provisión sería fácil y que, al otro día de entregar mi renuncia, el trabajo en la obra de Dios empezaría.

Asumía que ininterrumpidamente estaría ocupada en los negocios de mi Padre y todas mis necesidades estarían cubiertas. Había planeado todo muy bien, pero por alguna razón lo que aconteció fue todo lo contrario. Parecía que el tiempo se había detenido, que el reloj se detuvo y todo había cambiado su curso. Honestamente no entendía lo que estaba ocurriendo. Mientras pasaba el tiempo se agotaban mis ahorros, se quebrantaba mi fe y se debilitaba mi convicción.

No quería pedirle ayuda a mi esposo principalmente ya que él fue uno de los más afectados con mi decisión. Rehusaba hablar del tema con mis padres, mis pastores, y mis amigos más cercanos. Nadie me parecía lo suficientemente apto como para sincerarme y decirle lo que estaba sucediendo. En mi intimidad con Dios oraba en base a la decisión que había tomado recordándole todas sus promesas y repitiendo en mi mente a diario: "Dios a quien llama respalda y no deja sus hijos en vergüenza". Y era este precisamente el problema, la vergüenza.

Pretendía evitar a toda costa mostrarme débil o necesitada ante los que me rodeaban. Yo fui siempre quien ayudaba a todos, quien proveía cuando no había, quien prestaba cuando era necesario y quien daba sin medidas. Fui muy bendecida financieramente en los primeros años de mi vida adulta y nunca había experimentado el tener que pedirle ayuda a nadie.

¿No se supone que, si trabajo para Dios Él se encargaría de mis necesidades? ¿Será que cometí un error? ¿Abre tomado la decisión correcta? ¿Será que este no era el tiempo de Dios para hacerlo? Comencé a cuestionarme y hasta llegué a arrepentirme de mi decisión. Hasta que una madrugada mientras oraba, el Espíritu me reprendía, me confrontaba y me hacía entender que no solo no quería pedir ayuda a las personas que me rodeaban, sino que en medio de mi proceso tampoco pedía ayuda a Dios.

Hice un análisis retrospectivo y descubrí que mi oración no era correcta. No era una oración eficaz. No tenía porque pedía mal o simplemente no pedía. Esperaba que Dios me proveyera y supliera mis necesidades, pero ¡nunca se lo pedí! Esa mañana se abrieron mis ojos. Aunque fuese difícil de creer, estaba demostrando orgullo hasta con Dios, a quien decidí entregarle mi tiempo, mis deseos y mi voluntad. Dios, quien era supuestamente la razón de mi decisión y quien se supone que sería mi principal refugio cuando acepté depender de Él totalmente.

Antes de empezar a depender de Dios debía dejar de depender de mí misma, de mis recursos, de mis habilidades, de mis propias fuerzas y por su puesto de mi dinero. La decisión de entregar mi empleo fue solo el inicio. Desintoxicarme de una vida completamente autosuficiente era el próximo paso para seguir. Dios me hizo comprender que cuando dependemos de nosotros mismos, no estamos dependiendo de Él.

Luego de descubrir esto me humillé en su presencia como nunca antes y entendí que estaba siendo despojada de actitudes y comportamientos que pertenecían a mi antigua manera de vivir Aprendí poco a poco a orar efectivamente y a hacer a Dios partícipe hasta de mis más insignificantes necesidades. Comencé a ver como Dios nos suplía hasta en los pequeños detalles y entendí que muchos estamos acostumbrados a depender directamente de personas cuando nuestro principal recurso de abastecimiento debe ser Dios en todo tiempo.

Veía como diferentes personas eran usadas para traer provisión en el tiempo justo y cuando más lo necesitaba. Sin pedirlo, llegaban regalos a mi puerta. Aprendí a hablar con Dios de una manera aún más personalizada, detallada y específica conociendo a Jehová Jireh (mí proveedor) viendo como Dios inquietaba a sus hijos para bendecirme. No bien pensaba en algo que me hacía falta cuando alguien era inquietado para traerlo. Era hermoso ver como mis amigos y familiares más cercanos, los mismos a quienes no me atrevía a pedirles ayuda, eran precisamente quienes Dios usaba para traer provisión a mi casa. Era como si mis oraciones fueran contestadas, pero a través de ellos.

Meditaba en lo que escribió el apóstol Pablo a los **Gálatas** en el **capítulo 6** donde habla de hacer bien a todos y mucho más a los de la familia de la fe. Descubrí que para mí era muy fácil ayudar a los demás, pero cuando era yo quien necesitaba la ayuda me era imposible aceptarlo. Tremenda lección y por parte del mejor maestro.

Había empezado a pedirle ayuda a Él, pero todavía me faltaba doblegar mi orgullo ante las personas. Me aterraba saber que aquellos que me habían visto próspera y sin necesidades ahora verían la otra cara de la moneda. Para mí el pedir ayuda o demostrar alguna necesidad era una señal de inferioridad, debilidad o humillación. El asunto no era que Dios necesitara que yo me humillara ante nadie o que pidiera favores, sino que admitiera que dependía de mis propias fuerzas y que el orgullo me controlaba. Sentía que estaba siendo hipócrita y que disfrazaba mi orgullo tras una apariencia de supuesta humildad que realmente no tenía.

¡Siendo sincera, me desconocía! Es muy duro enfrentarse a situaciones como estas. Es difícil auto examinarse y descubrir que hay áreas de nuestras vidas que realmente todavía desconocemos. Alimentamos sentimientos ocultos y secretos muy bien guardados que solo salen a la superficie cuando somos confrontados por Dios.

Luego de dolorosos meses en medio de una terrible guerra mental, logré exteriorizar lo que sentía, incluso lo comuniqué a mis familiares y amigos cercanos quienes estuvieron prestos y muy dispuestos a ayudar. De esta manera vencí el orgullo que no sabía que tenía.

El contarte mi experiencia no significa que aquellos que estamos al servicio de Dios a tiempo completo tenemos que estar en condiciones paupérrimas, que dependeríamos de los demás y/o tendríamos carencias todo el tiempo. Yo creo firmemente en la provisión de Dios para sus hijos, en la retribución, en el cuidado y trato específico que tiene con cada uno de nosotros. En mi caso muy personal Dios necesitaba despojarme de todo aquello que yo había adquirido por mí misma. El aprender a doblegar mi orgullo era pieza importante de este proceso mediante el cual aprendí tres cosas muy importantes: (1) a depender de Dios como mi principal proveedor y no de mis propias fuerzas; (2) a reconocer mis necesidades y debilidades frente a otros; y (3) a conocer lo que es sentir el cuidado de Dios como un padre.

Pensamientos Que Considerar

Si alguna vez has atravesado o estás en medio de una situación similar, refugiarte en Dios y mostrarle tus debilidades es una oportunidad perfecta para que se glorifique en tu vida y puedas ver como dijo el apóstol Pablo en la segunda carta a los **Corintios (12:9),** que el poder de nuestro Dios se perfecciona en nuestras debilidades. Quizás al igual que yo hay áreas de tu vida en las que Dios necesita trabajar antes de que comiences a caminar hacia tu destino profético y Él pueda entregarte todo aquello que te ha prometido. Dios tiene maneras muy interesantes de enseñarnos y prepararnos para llegar a ser quienes el determinó que fuéramos.

Oportunidad Para Auto Reflexionar

¿Estás física, emocional, social y espiritualmente preparado para responder a las circunstancias si no ocurren de la manera que imaginaste cuando respondiste al llamado de Dios?

Oportunidad Para Auto Reflexionar

Al hacer un análisis de tu vida, ¿crees que puedes identificar las cosas de las cuales Dios te está despojando? ¿Crees que el oponer resistencia a Dios será de beneficio?

Oportunidad Para Auto Reflexionar

¿Qué elementos de tu antigua vida esta Dios actualmente confrontando?

Oportunidad Para Auto Reflexionar

Dios tiene diferentes maneras de enseñarnos y prepararnos para llegar a ser quienes Él determinó que fuéramos, ¿estás realmente dispuesto a dejarte enseñar?

CAPÍTULO 4: ME ATREVÍ A RECLAMARLE A DIOS

Porque esta leve tribulación momentánea produce en nosotros un cada vez más excelente y eterno peso de gloria; no mirando nosotros las cosas que se ven, sino las que no se ven; pues las cosas que se ven son temporales, pero las que no se ven son eternas.

2 Corintios 4: 17-18

CAPÍTULO 4: ME ATREVÍ A RECLAMARLE A DIOS

Había comenzado a ver la provisión de Dios en muchas áreas de mi vida. Su respaldo era evidente, pero, aun así, al ver que nuestra situación se tornaba cada vez más difícil, por momentos, la duda me ganaba la batalla. Estos momentos de dudas venían a mi mente, aunque trataba de mantener la fe en alto.

Mis hijos habían estado acostumbrados a vivir en abundancia y realmente no entendían los cambios que se estaban suscitando en nuestra familia. Recortes en algunos servicios, limitaciones de todo tipo y el eximirnos de gastos era nuestra nueva realidad. Estábamos en medio de una etapa de adaptación muy complicada para nosotros y mucho más para ellos. Tratamos de explicarles de varias maneras, pero ellos no veían nada más que lo que antes tenían y ahora les hacía falta.

Habíamos tenido que establecer diferencias entre lo que era un deseo y lo que era una necesidad. Recuerdo que en una ocasión mi hijo mayor, adolescente atravesando por una etapa de rebeldía, me había pedido algo que no podía darle. Su actitud y respuesta vinieron acompañadas de evidente frustración. Yo estaba luchando con sentimientos de culpa debido a nuestra situación, pero esto hizo empeorar aún más la manera en que me sentía. Sin titubear me dijo, "yo no tengo la culpa de las decisiones que tomaste", añadiendo, ¿porque esto tiene también que afectarme a mí? Con lágrimas en los ojos y visiblemente afectada le contesté algo que nunca le había dicho en todo este proceso, "esto es temporal". Sinceramente no sé si lo dije para convencerme a mí misma o calmarlo a él. Mi hijo, completamente insatisfecho con mi respuesta preguntó, "¿entonces hasta cuándo tendremos que vivir así?" Simplemente no supe que contestar. ¿Que no quisiera un padre poder darle a un hijo? Los míos siempre habían tenido más de lo que necesitaban y un cambio repentino como éste fue muy chocante. Hasta ese momento yo había utilizado todas las respuestas que sabía. Ellos las conocían de memoria tanto que terminaban mis frases antes de que yo respondiera, "ya sé mami, debido a la situación económica en la que estamos, no se puede". Mi hija, también adolescente, demostraba cierta madurez y parecía que entendía con más facilidad el proceso. Aun así, también me reclamaba, aunque no con tanta frecuencia. Mi esposo por su parte me hablaba constantemente de las cuentas pendientes, ya que él tenía que encargarse de todo. El nivel de estrés que esto le había causado le estaba afectando en gran manera, personalmente y a nosotros como matrimonio.

Nosotros como adultos generalmente tenemos una relación más cercana y profunda con Dios. Por tanto, se nos hace un poco más fácil asimilar los procesos por fuertes que sean. Nuestros hijos, en cambio, experimentan una gran dificultad. Su nivel de fe, en muchas ocasiones, no es parecida a la nuestra porque no ha sido desarrollada de la misma manera. Simplemente no entienden y esto genera disputas que con el tiempo irrumpen la armonía familiar.

Por momentos, podíamos ver a Dios obrar en nuestras vidas; confiábamos y creíamos en que tarde o temprano las cosas cambiarían. Pero mantener ese nivel de optimismo todo el tiempo no era tarea fácil. No es que fuéramos personas de doble animo; un día felices y tranquilos y otro preocupados y ansiosos. Estábamos viviendo un fuerte periodo de adaptación. Debíamos aprender a vivir de una manera muy diferente a la que estábamos acostumbrados. A medida que nuestro estatus financiero empeoraba, en muchas ocasiones, nos arropaba la incertidumbre. Hubiera preferido que las cosas ocurrieran exactamente de la forma que había planeado, pero entendí que debía ser probada y por ende ellos vivirían las consecuencias.

Hubo un día donde todas las cuentas se habían acumulado, teníamos muy poco dinero y había casi nada en la despensa. Analizaba que podía hacer de comer y me hacían falta tantas cosas que no sabía por dónde empezar. El racionar las cantidades y extender la despensa al máximo se constituyeron en mi nueva forma de vivir. Al verme en esa situación, me sentí tan mal que nuevamente empecé a cuestionar mi decisión de dejar mi empleo. En un momento de desesperación, me fui al sótano de la casa para poder estar a solas. Lloraba mientras hablaba con Dios hasta que de manera irreverente me atreví a reclamarle: ¿Para esto me pediste mi empleo, para que ahora estuviéramos padeciendo carencias?

Sentía que Dios estaba trabajando tantas áreas de mi vida al mismo tiempo que era casi imposible soportar el proceso. Comencé a pedirle que me hablara, que me diera una palabra, o que enviara a alguien que dijera algo que me hiciera sentir mejor. Necesitaba un aliciente, un refrigerio, o un alivio para recobrar mis fuerzas. Honestamente estaba cansada y aun sabiendo que el proceso era necesario, humanamente no podía más.

Poco después de reclamarle a Dios de esta manera, recibí una llamada de una pastora amiga quien había sido un soporte en muchos momentos difíciles. Esta llamada era como un vaso de agua fría en un día muy caluroso. Me dio una palabra certera que me ayudó a creer nuevamente. "¡Levántate!", me repetía. "No permitas que el proceso te haga dudar. ¡Confía! ¡Renueva tus fuerzas!" Luego oró por mi e inmediatamente empecé a sentirme mejor. Minutos después me llamó un pastor amigo. Parecía que ellos se habían puesto de acuerdo. Sin abundar, este pastor solo dijo, "Dios es quien patrocina tu desierto". Él no sabía lo que yo estaba viviendo. Lo cierto es que sus palabras eran como dar pan al hambriento y llegaron en el tiempo preciso. Luego de estas reconfortantes conversaciones, retomé mis actividades del día. Cociné lo que teníamos en la despensa y lo disfrutamos conformes.

Ese mismo día, decidí llamar a un joven ministro que sabía podía ayudarme a instalar un programa de computadora que necesitaba para mis trabajos ministeriales. Coordinamos, una cita para que viniera a mi casa e instaláramos el programa esa misma noche. Me pareció extraño que cuando el joven llegó a mi puerta, acompañando por su familia, cargaba varios paquetes. Pasó directo al área de cocina como si hubiera estado antes en casa. Mientras seguía trayendo paquetes, le pregunté, "¿hermano que es todo esto que traes?" Cuando revisé me di cuenta de que eran encargos del supermercado y el hermano había llegado a mi casa con todas las provisiones que necesitaba. Trajo una gran variedad de cosas, desde leche hasta carne. Le pregunté enfáticamente, "¿porque hiciste esto?" Sin titubear contestó: "No me preguntes a mí.

Pregúntale a Jehová a quien le reclamaste".

Yo no sabía que pensar. No sabía que decir. Honestamente me sorprendió tanto porque él no conocía mi situación a fondo y aun así Dios lo usó para bendecirnos y traer provisión. Continuamos con la visita normalmente. Mientras tanto yo disimulaba mi alegría. El acto de bondad de esta pareja nos suplió por más de una semana. No deja de sorprenderme la fidelidad de Dios ni la manera en que nos corrige con amor. Él nos suple aun en momentos en que dudamos. Lo que sucedió ese día fue para mí una gran enseñanza.

Me atreví a reclamarle a Dios en medio de un momento de inseguridad y aunque flaquee, vi como Él nunca me falló. Pude ver a Dios obrar a mi favor aun en uno de los días donde las circunstancias fueron tan fuertes que hicieron que mi fe menguara. Permití que mis emociones, el sentimiento de culpa que sentía, y la realidad de ese momento me vencieran. Ese día aprendí una gran lección y pude ver directamente la protección de Dios.

Pensamientos Que Considerar

Una de las lecciones más difíciles que he aprendido durante este tiempo es que no solo yo tenía que aprender a depender totalmente de Dios, sino que mi familia también. Debía entender que, aunque yo estaba lista para enfrentar este reto, ellos no lo estaban. Muchas veces procuramos servir a Dios sin reservas y nos entregamos por completo sin darnos cuenta de que al hacerlo el funcionamiento de nuestras familias se ve alterado. Este es uno de los fallos que cometemos frecuentemente. Como ministros es muy importante estar seguros al dar un paso tan importante como trabajar para Dios. Debemos establecer un balance y asegurarnos de que nuestros familiares, principalmente nuestros hijos, no vean nuestro trabajo en la obra como su oponente. Necesitamos esforzarnos para que ellos no se sientan desplazados por el tiempo que dedicamos a lo que hacemos para Dios. Lamentablemente, he visto muchos hijos de ministros sufrir por esto y pido a Dios que nos dé la sabiduría necesaria para mantener relaciones saludables.

Oportunidad Para Auto Reflexionar

Es importante entender que aunque estemos firmes en la fe e involucrados en la obra, hay momentos en los cuales la duda nos gana la batalla. ¿Qué podemos hacer en esos momentos de flaqueza? ¿Cómo nos podemos preparar ahora para cuando lleguen esos pensamientos a nuestras mentes?

Oportunidad Para Auto Reflexionar

¿Cómo nos mantenemos firmes cuando vemos que los procesos propios afectan a otros? ¿Crees posible que los procesos que ellos están atravesando tienen propósito también?

Oportunidad Para Auto Reflexionar

¿Cómo podemos evitar que nuestros hijos se sientan afectados negativamente por nuestro servicio en la obra de Dios?

Oportunidad Para Auto Reflexionar

Piensa en un momento en tu vida en el cual has sentido que Dios te ha corregido con amor? ¿Qué clase de cambios en pensamiento han surgido a partir de esa experiencia?

Oportunidad Para Auto Reflexionar

Es importante que reconozcamos que los procesos que Dios nos permite atravesar tienen un propósito específico. La autora identifica un área de debilidad en el capítulo tres y vemos como esa precisa área estaba siendo trabajada en el capítulo que acabas de leer. ¿Puedes identificar tu área de debilidad? ¿A través de que procesos Dios ha trabajado en la misma?

CAPÍTULO 5: MI ARRESTO Y PROCESO EN LA CORTE

El ángel de Jehová acampa alrededor de los que le temen, Y los defiende.

Salmos 34:7

CAPÍTULO 5: MI ARRESTO Y PROCESO EN LA CORTE

Decidí esperar el desenlace de un proceso legal por el cual estaba atravesando hasta poder compartir su resultado en este libro con el objetivo de contar mi historia con la mayor veracidad posible. En el año 2015, después de meses de negociaciones, desafortunadamente perdí mi casa. Esta fue la casa en la que viví por 15 años y la cual había comprado antes de casarme. Por más que luché no pude salvar la hipoteca y el banco terminó embargando la propiedad. Tratamos de venderla y en el proceso de venta tuvimos que vivir la vergüenza de que amigos y conocidos vinieran a ver la casa y enterarse que estaba siendo vendida por reposición del banco.

Para mí fue un tiempo muy fuerte

emocionalmente donde sentía que por más que trataba de evitarlo todo estaba cambiando. Los cambios fueron tan repentinos que me fue difícil asimilarlos. La tristeza y la frustración me invadieron al punto de sentir un profundo enojo conmigo misma. Me sentía culpable, pensaba que era algo que yo pude haber evitado y que las decisiones financieras que había tomado nos llevaron a este punto.

Sin crédito y sin recursos no estaba segura como saldría de este problema, pero lo cierto es que había perdido el inmueble y en ese momento no teníamos donde ir. Mientras el problema con la casa empeoraba, sentía que Dios tenía un plan en todo esto. Aunque angustiada, entendía que era algo que debíamos atravesar, pero simplemente yo no entendía el porqué.

Tener que dejar mi casa y mudarme a otro lugar inesperadamente fue muy difícil, como también lo fue explicarle esto a mis hijos. La situación se complicó aún más cuando tuve que comunicárselo a mi madre, quien ocupaba una parte de la casa. Fue entonces cuando mi esposo decidió contarme que había guardado una cantidad de dinero del cual yo no tenía conocimiento. Recibir esta información provoco en mí emociones encontradas. Al principio me sentí enojada al no saber que este dinero existía, pero al mismo tiempo sentí un gran alivio al saber que podíamos usarlo para mudarnos a otro lugar.

El tiempo pasaba y aunque ya vivíamos en otra casa, seguía siendo responsable de las deudas que dejé pendientes. Debía miles de dólares de hipoteca, gastos legales y retrasos de impuestos a la ciudad. Por causa de la pérdida de la propiedad, también mi historial de crédito se vio afectado y mis cuentas fueron canceladas. Recibía cartas y recibos diariamente de todo lo acumulado que no podía pagar.

Al año siguiente el banco decidió entablar una demanda civil en mi contra por todo el dinero que debía. Recibí una citación en la corte para litigar el asunto. Yo no entendía que debía presentarme puesto que ya me habían hecho un embargo por la propiedad y pensé que de esa manera ellos habían recuperado el dinero que les debía. Desconocía la ley y no sabía que el no presentarme en la corte, automáticamente generaba una orden de arresto. Tenía que salir de viaje a ministrar y mientras estuve fuera vino un alguacil varias veces a aprenderme. Cada vez que venía con intenciones de arrestarme, no estaba en casa. No tenía idea como iba a solucionar este problema. No tenía dinero para pagar la deuda y me aterraba la idea del proceso legal.

Una mañana mientras estaba en medio de un devocional con mi hijo este alguacil tocó la puerta nuevamente. Permití que el temor me arropara y mi reacción inmediata fue esconderme. Recuerdo que sin pensarlo cerré las ventanas, me agaché rápidamente y me escondí como pude. Al hacer esto me di cuenta de que mi hijo al verme hizo lo mismo. También se escondió y esto me confronto en gran manera. Pensé ¿cuál es el ejemplo que le estoy dando a mi hijo?" Me sentí amonestada e inmediatamente me levanté y le dije: "voy a abrir la puerta y voy a enfrentar la situación".

Mientras caminaba hacia la puerta vi como él alguacil ya se había cansado de tocar y caminaba hacia el vehículo policial en el que vino. Respiré profundo y tomé la valentía de decirle a mi hijo, aun en medio del temor y con voz temblorosa, "voy a salir hasta donde él está a enfrentar esto de una vez por todas. *"Dios no nos ha dado espíritu de cobardía sino de poder, amor y dominio propio"* (**2 Timoteo 1:7**). Recitando esta palabra caminé hacia donde estaba el alguacil y para mi sorpresa encontré que él estaba mirando uno de mis videos en YouTube. De inmediato le dije: "vine a entregarme y enfrentar lo que tenga que enfrentar". El oficial me contestó de manera dulce y compasiva: "Te he estado buscando". A lo que respondí, "aquí estoy".

Me hizo saber que tenía que llevarme ante un juez, que desde ese momento estaba bajo su custodia legal y que no podía irse hasta lograr llevarme a la corte. Normalmente esto indica que él debía aprenderme y llevarme dentro del vehículo policial, incluso el procedimiento normal era esposarme. Para mi sorpresa me dijo que él no quería hacerme pasar una vergüenza de esa índole delante de mi hijo y mis vecinos. Ofreció esperar hasta que me cambiara la ropa y me dio la oportunidad de seguirlo manejando mi propio vehículo. Esto me conmovió en gran manera porque él no tenía que favorecerme o tratarme con ningún tipo de preferencia, pero de todos modos lo hizo. Vi definitivamente el favor de Dios en mi vida ese día al ver su gesto ya que no era parte del procedimiento normal.

Minutos después, salimos hacia la corte. Esperé varias horas mientras se ventilaban diversos casos tanto civiles como criminales. Pasamos horas sentados en aquella sala mientras la vergüenza me inundaba. Encontrándome en medio de criminales no pude evitar la compilación de emociones que me sobrevenía. Era como si Dios me hacía entender que al llegar a este punto depender de Él era mi única opción.

Cuando llegó mi turno frente al juez él mismo examinó mi caso rápidamente. Al ver que yo no tenía trabajo y que mis ingresos actuales no me permitían pagar las deudas acumuladas, resolvió ordenarme que hiciera una solicitud para la banca rota. No podía creer todo lo que estaba sucediendo. Años antes estaba financieramente estable. No tenía ningún problema legal y ahora me encontraba atravesando uno de los momentos más difíciles en mi vida. Literalmente estaba perdiendo todo. Tuvimos que pagar una pequeña fianza y de esa manera pude salir libre. Luego tuve que consultar un abogado y proceder con la solicitud de banca rota. En medio de todo esto debía continuar alimentando y levantando a otros en la fe. Era tan difícil para mí hablar de un Dios proveedor mientras yo perdía provisión. Tal parece que durante esta jornada Dios me había estado despojando de todo lo que había adquirido con mi propio esfuerzo. Sentía orgullo por las cosas que había adquirido y ahora Dios había decidido quitarme esas cosas para enseñarme poco a poco lo que es vivir en una dependencia total de Él.

Finalmente llegó el día en que estaría junto a mi abogado solicitando la banca rota en la corte civil. Debíamos primeramente litigar el caso frente a una persona que fungía como delegado judicial y quien sería el mediador antes de ver al juez. Normalmente esta persona revisa el caso detalladamente y decide si es capaz de tomar una decisión por sí mismo o pasar el caso al juez. Mientras esperaba junto a mi esposo el turno para mi entrevista con la delegada oraba que se hiciera solo la voluntad de Dios. Necesitaba una intervención divina en ese momento porque de lo contrario no sabía cómo manejar un desenlace negativo.

Llegó mi turno y comenzamos el proceso de revisión tratando de probar que mi situación financiera no me permitía pagar las deudas acumuladas y que solicitar la banca rota era mi única opción. Recuerdo que en ese momento hice una última oración en mi mente diciendo, "Señor de ti dependo. Sé que tus hijos están en todo lugar. Te ruego que tu gracia y favor sean conmigo. Permite que un hijo tuyo sea quien atienda mi caso".

Una de las primeras preguntas que hizo la delegada fue acerca de los ingresos que yo había declarado. Al notar la gran diferencia entre mi último año de trabajo y el ingreso actual, inmediatamente preguntó "¿porque una diferencia en ingresos tan marcada?". Antes de que yo tuviera el chance de contestarle, mi abogado habló por mi respondiendo: "Ella se dedica a predicar y ya no tiene un empleo normal". Al escuchar esto la delegada levantó su mirada por encima de sus anteojos, me miró fijamente, y sonrío. Enseguida cerro la carpeta donde estaba toda mi información y le dijo a mi abogado que desde ese momento en adelante mi proceso de banca rota estaría directamente a su cargo. Añadió que si tenía preguntas sobre mi caso debía dirigirse exclusivamente a ella ya que ella se encargaría de todo lo demás.

Estaba preocupada porque no quería que este proceso legal afectara a mi esposo ya que durante la entrevista ella pidió información sobre él. Cuando le pregunté, me contestó con firmeza: "No tienes de que preocuparte. Ya te dije, yo me encargo. Además, ¿no te dedicas a trabajar para Dios?" Sonrío nuevamente y me guiño el ojo dándome a entender que ella también trabajaba para Dios. Salí de aquel lugar sonriendo y entendiendo que, en todo tiempo, en todo lugar y en cualquier situación, estaba aprendiendo realmente a depender de Dios.

Pensamientos Que Considerar

Aunque el haber perdido mi casa y el verme envuelta en un problema legal fue doloroso, esa experiencia me enseñó mucho. Primeramente, aprendí que nuestras acciones como padres afectan la formación del carácter de nuestros hijos. Una de las cosas por las que he orado siempre a Dios es poder ser una buena madre y un buen ejemplo para mis hijos. Aunque inicialmente el temor que me embargaba me orilló a reaccionar de manera errónea, pude entender que mi deber en ese momento era asumir mi responsabilidad pese a cualquier resultado personal con tal de que la vida espiritual de mi hijo no fuese afectada.

Debemos ser sumamente cuidadosos y mucho más en momentos de dificultad. Utilizando este tipo de momentos como una oportunidad para exhibir la fe que profesamos. Como ministros, nuestras acciones fuera del altar deben hablar mucho más de nosotros que las palabras que pronunciamos en él. Sé, con seguridad, que la decisión que tomé ese día le dio a entender a mi hijo que mi confianza está puesta en Dios.

Lo segundo que aprendí de esa experiencia es que no importa el tamaño del problema que estemos enfrentando. Cuando depositamos nuestra entera confianza y dependemos genuinamente de Dios, Él se encarga de nuestros problemas por difíciles que sean. Desde ese momento el verso siete del **Salmo 34** se hizo real en mi vida. *"El ángel de Jehová acampa alrededor de los que le temen y los defiende"*.

Oportunidad Para Auto Reflexionar

Reflexiona en las diferentes maneras en las cuales Dios ha sido fiel contigo, aun cuando tu no lo fuiste. ¿Qué te enseñaron esas ocasiones sobre el amor de Dios?

Oportunidad Para Auto Reflexionar

¿Cómo podemos demostrar esa clase de amor a los demás?

Oportunidad Para Auto Reflexionar

¿De qué manera estás siendo un buen ejemplo para tus hijos y familiares no creyentes? ¿Como crees que esto está afectando la salvación o la vida espiritual de ellos?

CAPÍTULO 6: APRENDIENDO A HONRAR A DIOS A TRAVÉS DE MI MATRIMONIO

Asimismo vosotras, mujeres, estad sujetas a vuestros maridos; para que también los que no creen a la palabra, sean ganados sin palabra por la conducta de sus esposas, considerando vuestra conducta casta y respetuosa.

1 Pedro 3:1-2

CAPÍTULO 6: APRENDIENDO A HONRAR A DIOS A TRAVÉS DE MI MATRIMONIO

Desde niña soñé con la hermosa fiesta, el vestido blanco, el velo bordado en perlas y la corona elaborada en brillantes. Como muchas otras mujeres en nuestra sociedad, anhelaba el día donde celebraría públicamente el unir mi vida a un hombre.

Para la mayoría de las mujeres es fácil visualizarlo ya que por generaciones y desde muy temprana edad la sociedad pregona la importancia de esta gran fiesta. Los medios de comunicación continuamente la difunden como necesaria e imprescindible. Poco a poco han convertido la celebración de bodas en una declaración pública con expectativas difíciles de alcanzar. Esto ha provocado que algunos posterguen o lleguen a aplazar la celebración de su unión hasta poder llegar a hacerlo a la manera que satisfaga los estándares sociales.

Por muchos años viví aferrada a esa idea y lo establecí como meta en mi vida, pero pasaban los años y no alcanzaba lograrlo. Durante el transcurso de un mismo verano, vi como varias jóvenes de mi congregación fueron celebrando sus bodas una tras la otra. Un total de cuatro celebraciones desde el mes de mayo hasta su término. Al ver que el tiempo transcurría y no había pasado a la lista de las que se casaban, permití que inseguridades me invadieran.

Poco después conocí un hombre de quien me enamoré y con quien comencé una relación. Para ese entonces mi comunión con Dios se había deteriorado en gran manera. Me dejé influenciar por las corrientes del mundo hasta el punto de experimentar el uso del alcohol. Frecuentaba clubes nocturnos y tomé parte en muchas otras actividades totalmente contrarias a mi fe. Estaba tan alejada de Dios que hasta me mostraba rebelde e irreverente cuando mis pastores o alguno de mis hermanos trataban de hacerme entrar en razón. No reflejaba ninguna de las actitudes de aquella niña a quien Dios llamó a temprana edad.

Empecé a tomar decisiones que afectaron mi vida espiritual a largo plazo y de repente mi sueño original de la fiesta de bodas quedo atrás. Las metas del hombre con quien sostenía una relación no eran las mías. Sus planes tampoco. Incluso, el no creía en el matrimonio. Pretendía que sostuviéramos una unión libre. Estando tan involucrada en la relación, entendía que con el tiempo podía hacerlo cambiar de parecer y erróneamente acepté.

Nunca pensé que mi vida daría un giro tan repentino, pero lo cierto es que en mis planes no involucre a Dios. Después de haber servido a Dios en obediencia tantos años no me explicaba como pude ser capaz de llegar a ese punto. Durante ese tiempo me alejé tanto de Dios que parecía imposible llegar a cumplir los planes y propósitos que Él había establecido desde mi niñez. Por un espacio de 6 años, que fueron los peores años de mi vida, no tenía una relación con Dios. Andaba sin dirección y me alejé hasta el punto de abandonar por completo mi vida cristiana.

Una noche estando en un club nocturno y bajo los efectos del alcohol, escuché una voz que me dijo, *"mira"*. Inmediatamente pude ver que habían manos negras gigantescas manipulando las personas que estaban en la pista de baile, como si fueran marionetas. Luego de ver esto, esa misma voz me dijo, *"tu no perteneces a este lugar, sal de aquí"* y salí de inmediato. Días después todavía meditaba en lo que había pasado sin entender. Solo recordaba claramente aquella voz que me dijo que no pertenecía a ese lugar.

Esa experiencia fue tan sorprendente y me inquietó tanto que no pude dormir por varias noches. No lograba entender porque aun estando separada de Dios, me dio un regalo tan hermoso como poder escuchar su voz audiblemente. No podía dejar de pensar en lo maravilloso de la misericordia de Dios para conmigo que aun estando en pecado, volvía a hacerme un llamado para ordenar mi vida y regresar a Él.

Honestamente no creí que merecía este nuevo comienzo y vino a mi mente el texto bíblico que se encuentra en el libro de **Jeremías**. El verso tres del capítulo **33** relata como Dios habló al profeta haciéndole saber que había prolongado su misericordia para con él. Sentía que Dios hacia lo mismo conmigo y de esta manera finalmente entendí que había estado perdiendo el tiempo atada a una vida vacía esos seis años. Pude darme cuenta de que mi vida sin Dios no tenía sentido. Poco a poco y muy avergonzada me fui acercando y retomando mi relación con Dios cuan hijo prodigo.

La congregación me recibió con brazos abiertos y mientras veía la manera amorosa y comprensiva con la que me daban la bienvenida, pensaba en todas las veces que necesité un abrazo, pero no me acerqué. Me mantuve lejos por tanto tiempo porque asumí que me juzgarían, pero para mi sorpresa me recibieron como si nunca me hubiera ido.

El nuevo reto al que tendría que enfrentarme era poder reintegrarme al servicio y la ministración en la congregación, pero al no estar todavía legalmente casada, no me era posible. Pasé muchos años tratando de convencer al hombre con quien había unido mi vida de que debíamos casarnos, pero él no accedía a hacerlo. Mientras tanto, aunque reintegrada a la congregación, estuve disciplinada por varios años esperando poder volver a mis actividades de servicio. Fue muy frustrante ver tanta necesidad y no poder servir. Cada vez me sentía más culpable de no haber esperado en Dios y dependido totalmente de Él.

Una noche, tras una fuerte discusión, tomé la decisión de dejar mis problemas conyugales en manos de Dios. Recuerdo que dije en mi oración, *"Dios, de ti dependo"*. Reconocí que había cometido un error y entendí que debía pagar el precio por mis acciones, pero aun así tuve fe en que Dios reorganizaría mi vida.

Milagrosamente, un par de meses después de haber hecho esta oración, recibí la tan esperada propuesta de matrimonio. En ese momento nos encontrábamos en La República Dominicana y contrajimos nupcias en una ceremonia sencilla y privada. Llegamos a las oficinas del juez civil simplemente a investigar el procedimiento para solicitar la licencia de matrimonio y terminamos casados.

Todo pasó tan rápido que ni nos dimos cuenta de que estábamos vestidos completamente informales, usando pantalones cortos y calzados playeros. A ese punto lo más importante era estar finalmente casados y no el atuendo, ni la fiesta con la que inicialmente soñaba. Celebramos con una cena familiar con solo 14 personas. La sencillez de esta celebración no se comparaba con lo que siempre visualicé, pero el verme casada después de nueve años de espera era lo más importante.

Dios fue tan bueno que nueve meses después pudimos celebrar con todos nuestros familiares y amigos al regresar a los Estados Unidos. Finalmente pude usar aquel vestido, velo y corona con los que soñé. A pesar de que esto fue lo que siempre había deseado, no cumplió con las expectativas del cuento de adas que la sociedad promueve. El habernos casado fue un gran logro, pero esto era solo una de las áreas de mi vida que debía ser ordenada. La realidad era que estábamos viviendo en un yugo desigual y no estábamos de acuerdo en muchas cosas.

Siempre fui una persona muy independiente y al unir mi vida con quien es hoy mi esposo pensé que podía seguirlo siendo. Tomaba todo tipo de decisiones sin consultar a nadie, era financieramente independiente y me manejaba como si tuviéramos dos vidas paralelas bajo el mismo techo. Me era difícil honrarlo como cabeza de mi hogar y aceptar sus decisiones ya que Cristo no era su cabeza.

Tenía la intención de llegar a ser una mujer sumisa que sabiamente mantuviera la armonía en su hogar, pero al ver que nuestras vidas eran tan diferentes, me ganaba el enojo. Discutíamos con frecuencia y nos maltratábamos verbalmente al punto de faltarnos el respeto. A la verdad, mi esposo no estaba siendo ganado sin palabra a través de mi conducta, como nos exhorta la Biblia en **1 Pedro 3:1**. Lo cierto es que estábamos divididos y no éramos realmente una sola carne como establece el orden bíblico. Pasamos años viviendo de esta manera. Yo oraba incansablemente a Dios pidiendo que el llegara a ser cristiano, pero no le estaba dando un verdadero ejemplo con mi testimonio.

Mediante un proceso de oración e intimidad con Dios, le pedí que me enseñara la mejor manera de lograr la armonía en mi matrimonio. La respuesta me sorprendió ya que me ordeno a callar. Mediante este trato, aprendí el verdadero significado del verso previamente citado. Este verso dice a las mujeres casadas que sus conyugues, y en particular *"los que no creen a la palabra"*, deben ser *"ganados sin palabra por la conducta de sus esposas"*. Mientras callaba, trataba de mostrarle el amor de Dios.

Por medio de este proceso comencé a aprender a ser paciente, tolerante y sumisa. Para ser completamente honesta, todavía estoy en el proceso de aprender esto, pero me esfuerzo todos los días para poder alcanzarlo. Descubrí que lo que necesitaba hacer era honrarlo como cabeza de mi hogar. Para mí fue sumamente difícil lograr verlo de esa manera cuando la realidad era que estábamos en medio de una gran discordia. Entendí que, aunque en ese momento mi esposo no servía a Dios, mi deber era honrarlo y respetarlo, no importando su situación. Aprendí a depender de Dios para establecer la armonía en mi hogar. Entendí que Él no veía a mi esposo como yo lo estaba viendo en ese momento. Mientras yo veía un hombre inconcluso y sin dirección, Él podía ver quien este hombre sería en el futuro.

Pensamientos Que Considerar

Hay momentos que Dios usa a personas en nuestras vidas para enseñarnos principios de honra y orden. En mi caso, utilizó la situación con mi esposo como ejercicio para aprender a no hacer solo mi voluntad. De esta manera comencé a cultivar algunos frutos del Espíritu tales como la paciencia, la templanza y la mansedumbre. Dios usó a mi esposo como figura terrenal a través de la cual me enseñó principios de sometimiento y obediencia.

Muchas de nosotras, las mujeres casadas, asumimos que el estar sujetas a nuestros maridos implica que estaríamos en una relación desigual o que seríamos inferiores a ellos. Asumimos con frecuencia que esto significa obedecer ciegamente negándonos a nuestros sentimientos, opiniones, deseos, expectativas y sueños personales.

El apóstol Pablo usa una significativa comparación en **Efesios 5:21-22** donde nos explica que de la misma manera que Jesús Cristo es cabeza de la iglesia, nuestros maridos lo son para nosotras. Al mismo tiempo Pablo exhorta a los maridos a amar a sus esposas de la forma en que nuestro salvador Jesús Cristo amó a la iglesia. Tanto la amó que se entregó así mismo por ella. Esto destaca la gran importancia que tiene no solo el someternos unos a otros, sino el hacerlo en amor.

Entiendo que esto no se logra fácilmente. El apóstol Pablo explica en **Colosenses 3:23**, refiriéndose a las actitudes de nuestra nueva vida en Cristo, que todo lo que hagamos lo hagamos de corazón como para el Señor y no para los hombres. Esto demanda una actitud de mansedumbre que no solo aplica a la mujer, sino que debe convertirse en una práctica mutua para el beneficio de ambos. Al someternos el uno al otro podemos estar en común acuerdo y realmente llegar a ser una sola carne.

Al aprender a depender de Dios como recurso principal en mi matrimonio pude llegar a entender que es posible estar sujetas a nuestros maridos. Al permitir que Dios fuera el centro de nuestra relación, pude reconocer de manera sabia y voluntaria su liderazgo en el hogar. Aprendí que el estar sujeta no es estar por debajo de él, sino en común acuerdo, siendo una ayuda idónea, soporte y complemento.

Someternos a nuestros esposos es un acto de amor, es poder aceptar su rol como cabeza, guía y dirigentes de nuestras familias el cual es el papel que Dios les ha asignado. El aprender esto fue esencial para mí porque de esta manera no solo comencé a aprender a honrar a mi esposo, sino que establecimos el orden divino en nuestro hogar.

Aprendí a honrar a Dios a través de mí matrimonio. Esto no solo benefició nuestra relación de pareja, sino nuestra familia en general.

Mi matrimonio no comenzó de la mejor manera. Esta fue otra de las tantas veces donde debí depender de Dios, pero no lo hice. Tuve que aprender una lección muy dolorosa a raíz de una larga espera y mucho sufrimiento. Con el tiempo, mi actitud y mi ejemplo se convirtieron en testimonio de mi cristiandad ante mi esposo. Ser persistente tuvo una gran recompensa. Luego de una espera de 14 años, mi esposo acepto a Jesús como su salvador. No fue fácil esperar este tiempo, pero con la ayuda de Dios pude hacerlo. Después de tanto sufrimiento solo puedo sentir un profundo agradecimiento al verlo servir en el ministerio juntamente conmigo. Mi matrimonio ha sido un ejemplo de la misericordia de Dios en mi vida. Hoy por hoy, después de 17 años, puedo contar mi experiencia para la edificación de otros.

Oportunidad Para Auto Reflexionar

¿De qué forma has permitido que tus inseguridades y las expectativas de nuestra sociedad afecten tu fe?

Oportunidad Para Auto Reflexionar

¿Cómo podemos diferenciar entre el propósito de Dios en nuestras vidas y las metas que establecemos por causa de los estándares sociales?

Oportunidad Para Auto Reflexionar

¿Te sientes apartado de Dios o de Su llamado en tu vida? ¿De qué forma Dios te ha mostrado Su amor y misericordia durante este tiempo?

Oportunidad Para Auto Reflexionar

¿Por qué crees que Dios insiste en llamarnos una vez más? ¿Estás dispuesto a escuchar Su llamado en este momento?

Oportunidad Para Auto Reflexionar (Para Casados)

¿Es Dios verdaderamente el centro de tu matrimonio? ¿De qué manera están buscando la dirección de Dios para tomar decisiones como pareja?

Oportunidad Para Auto Reflexionar
(Para Casados)

¿Están en realidad siendo una sola carne? Identifica algunas áreas que están afectando la armonía en tu matrimonio?

CAPÍTULO 7: DEPENDENCIA TOTAL

Encomienda a Jehová tu camino,
Y confía en él; y él hará.

Salmos 37:5

CAPÍTULO 7: DEPENDENCIA TOTAL

Decimos *"yo dependo de Dios"* muy fácilmente, pero no sabemos lo que significa depender de Dios en realidad. Es muy común ver la falta de dependencia de Dios aun entre los que se auto denominan cristianos. En la mayoría de los casos, nos mostramos auto suficientes, independientes y autodidactas, tratando de aprender y hacer todo por nuestros propios medios. Generalmente, comenzamos a depender de Dios cuando nos encontramos en serios problemas. Algunos tenemos la osadía de buscar su ayuda como última opción. La razón principal de esto es que muchos todavía no conocen el verdadero significado de lo que es depender de Dios totalmente. Entonces, la pregunta es, ¿qué es dependencia total?

La dependencia es el antónimo de independencia, la ausencia de autonomía y la limitación de la voluntad propia del dependiente. El concepto de la palabra dependencia se define como la sujeción a un poder mayor.

Una de las características que separan a un hombre natural del espiritual es precisamente su nivel de dependencia. En muchas ocasiones el hombre natural se vale de teorías, razonamiento, habilidades y factores que puedan ser humanamente evidenciados. El hombre espiritual depende directamente de Dios en todas las áreas de su vida, hasta el punto de llegar a hacer a un lado todo lo aprendido terrenalmente. Particularmente este es el caso al compararlo con la grandeza de ser enseñado a través del Espíritu Santo. Los conocimientos, la ciencia y todo entrenamiento natural pasa a ser secundario en el momento en que aprendes a depender de Dios totalmente. Es importante notar que hay una gran diferencia en tenerlo como secundario y descartarlo por completo ya que Dios es el autor de todo conocimiento y sabiduría y no los permite adquirir de diferentes maneras.

Podemos argumentar que hay tres etapas fundamentales las cuales debemos atravesar hasta llegar a la dependencia total: (1) La renovación del entendimiento; (2) el desarrollo de una fe inconmovible; (3) y el alcance de la obediencia absoluta. Aunque la experiencia de cada cual sea diferente o el orden en el cual experimentamos dichas etapas sea distinto, estas son las condiciones que debemos exhibir antes de llegar a ser verdaderamente dependientes de Dios.

Renovación del Entendimiento (Pablo)

Podemos aprender de dependencia en un nivel más profundo por medio de un análisis de la vida y los escritos del apóstol Pablo. Su vida fue un ejemplo de tenacidad, dedicación y entrega mientras sus escritos reflejan total transparencia al enseñar sobre el evangelio de Cristo. A diferencia de los demás apóstoles, Pablo no anduvo con Jesús, no le conoció, ni fue enseñado por él. Mientras que los demás tuvieron el privilegio de ser educados por Jesús, Pablo tuvo que depender directamente de Dios a través del Espíritu Santo para recibir la revelación necesaria y poder cumplir con la encomienda para la que fue escogido.

Para poder llegar a depender de alguien que no vemos, no necesitamos una evidencia humana de su poder y potestad, sino la experiencia de poder evidenciarlo en espíritu. **Tito 3:5** nos habla de la regeneración por medio de la renovación en el Espíritu Santo. La regeneración es un cambio drástico que el Espíritu Santo realiza en el hombre cuando recibe a Cristo. Este cambio produce una inmediata transformación de nuestro entendimiento dando sentido a cosas que no entenderíamos con el simple razonamiento humano.

Hablando a los Filipenses en el capítulo tres versos siete y ocho, Pablo expresa que aun siendo un hombre altamente educado y poderoso llegó a un nivel de dependencia en su vida cristiana en el cual literalmente estimó todo lo que había logrado humanamente como basura por la causa de Cristo. Haciendo un autoanálisis retrospectivo restó importancia a todo lo alcanzado terrenalmente, catalogando sus atributos como insignificantes al compararlos con estiércol. De esta manera exhibió una impresionante renovación de su entendimiento al convertirse drásticamente de perseguidor de la iglesia a defensor de la causa de Cristo.

Según nos explica en **Romanos 12:2** renovar nuestro entendimiento es una de las condiciones que nos lleva a comprobar la buena voluntad de Dios, agradable y perfecta, para nuestras vidas. Renovar es transformar, actualizar y restablecer algo hasta volverlo a su estado original.

Pablo nos hace una recomendación clara, exhortándonos a no conformarnos a este siglo. Esto implica que para los creyentes es necesaria e imprescindible la transformación mental mediante la renovación del entendimiento de manera racional. Esto requiere un esfuerzo intencional de nuestra parte en un ejercicio constante de renovación hasta llegar a un nivel de dependencia total.

Solo logramos alcanzar una dependencia total cuando hemos renovado nuestro entendimiento por completo, eliminando pensamientos de autosuficiencia y aceptando la voluntad de Dios. Esto no se logra con nuestras propias fuerzas, sino dependiendo directamente de Dios aun en nuestras debilidades como lo explica el apóstol Pablo en **2 Corintios 12: 9-10.** Es necesario tener la disposición de reconocer debidamente la soberanía y gobierno de Dios mediante una obediencia absoluta.

La consistencia es imprescindible ya que las corrientes del mundo que nos influencian diariamente pueden lograr desviarnos como lo hizo la serpiente con Adán y Eva. Las mentes de Adán y Eva fueron originalmente creadas con la aceptación de la soberanía de Dios hasta que permitieron que la serpiente, con astucia les influenciara a desobedecerlo.

En el capítulo cuatro de la misma carta a los Filipenses podemos observar como Pablo nos explica detalladamente la manera en que había aprendido a contentarse no importando su situación. Aun en medio del sufrimiento que implica el estar en una cárcel, Pablo relata cómo había aprendido a estar saciado o a tener hambre y a tener abundancia como a padecer escasez. El apóstol resaltó enfáticamente que solo pudo adquirir esa fortaleza a través de Cristo, haciendo notar de esa manera su dependencia total.

Fe Inquebrantable (Job)

Otra de las condiciones esenciales que necesitamos para alcanzar una dependencia total es desarrollar una fe inquebrantable. Es imposible confiar en Dios a un nivel de dependencia total sin haber previamente desarrollado un nivel de fe inconmovible.

No todos tenemos el mismo nivel de fe y es por esto que no todos llegamos a depender de Dios en su totalidad. Aquel que ha aprendido a depender de Dios totalmente sobrepasa la fe común. A mi entender nosotros somos quienes tenemos la responsabilidad de hacer crecer la medida de fe que nos fue dada. De la misma manera, nuestro nivel de dependencia crece o disminuye dependiendo del nivel de intimidad de nuestra relación con Dios. Esta relación puede ser superficial o profunda dependiendo de nuestras experiencias con las diferentes características de Dios.

La fidelidad de Job se evidencia en la manera en que manejó la reconocida interacción con su esposa, aun cuando ella llegó al extremo de sugerirle que maldijera a su Dios. Al verlo afligido con la sarna que arropaba su cuerpo ella le preguntó, *"¿Aún retienes tu integridad?"* (**Job 2:9**). La respuesta de Job a esta pregunta hostil ilustra la actitud de alguien que exhibe un alto nivel de fe. De manera firme le contestó con otra pregunta,

"¿Recibiremos de Dios el bien, y el mal no lo recibiremos?" (**Job 2:10**). Mostrándole con esto que debían estar conformes con la voluntad de Dios.

Durante su proceso, aun experimentando momentos de desesperación, su fe no se quebrantó. Job mantuvo su esperanza puesta en Dios. El entendía que de la misma manera que estaba siendo tentado y probado, su perseverancia también sería recompensada. Estaba seguro de que Dios vendría a su socorro en el tiempo correcto.

Para no establecer falsas expectativas en el creyente es importante mencionar que, a pesar de esta fuerte muestra de convicción, Job también experimentó momentos de flaqueza. En medio de su angustia, Job se quejó hasta el punto de mostrarse rebelde y cuestionar a Dios. Pero estos momentos no obstaculizaron que la misericordia de Dios le alcanzara. Esto indica que al igual que Job, es posible que nosotros flaqueemos en algún momento en que nuestra fe se debilite.

Puede que conozcamos las diferentes características de Dios a través de las experiencias de los demás, pero es muy diferente cuando las experimentamos por nosotros mismos. Para depender de Dios totalmente necesitamos llegar a conocer al Dios del cual dependemos, en todas las áreas de nuestras vidas. Aquel que depende de Dios totalmente no lo hace solo ocasionalmente y en algunas áreas de su vida, sino que permite que Dios sea quien dirija su vida completamente. Aunque no lo entendamos, debemos permitirle acceso aun en las áreas que pretendemos controlar.

Aprendemos a conocer a Dios de manera profunda cuando entendemos quien es Dios para nosotros. Por ejemplo, no podemos conocer a El Shaddai hasta que lo perdemos todo y Él llega a ser suficiente para nosotros. Job fue despojado de todo lo que tenía (sus bienes, su familia y su salud), pero pudo exhibir una actitud de adoración cuando dijo *"Jehová dio y Jehová quito, sea el nombre de Jehová bendito"* (**Job 1:21**). Job llegó a conocer a

Jehová Jireh cuando todo lo que le había sido quitado, le fue restituido al final de su aflicción (**Job 42:10**). De igual manera pudo conocer a Jehová Rafa cuando fue removida la sarna de su cuerpo (**Job 5:18**).

La manera en que sabemos con seguridad que nuestra fe es inquebrantable es mediante una serie de procesos que prueban su resistencia. Lo importante es que, aunque se retuerza, no se quebrante. Job fue probado hasta el extremo siendo despojado de todo lo que tenía. Su actitud ante lo que atravesó afectó, pero no quebrantó su fe.

Obediencia Absoluta (Jesús)

Alguien que depende totalmente de Dios ha asimilado el verdadero significado de la obediencia absoluta. Jesús es el perfecto ejemplo de esto ya que siendo igual a Dios, *"se humilló a si mismo hasta lo sumo, haciéndose obediente hasta la muerte y muerte de cruz"* (**Filipenses 2:8**). Durante su tiempo en la tierra mostró su obediencia absoluta al Dios Padre absteniéndose de hacer uso de su voluntad.

Podemos enumerar muchos ejemplos en los cuales Jesús mostró su obediencia absoluta dando prioridad a la voluntad de su padre. Entendiendo que debía *"cumplir con todo lo que Dios exige"* (**Mateo 3:15, NTV**), persuadió a Juan de que era necesario bautizarle para comenzar a ejercer su ministerio. Sus palabras claramente evidenciaban que estaba consciente de su encomienda en la tierra y que su objetivo era cumplir la voluntad de su padre.

Un buen maestro puede enseñar por medio de sus conocimientos, pero las lecciones más impactantes son las que él o ella demuestra por medio de su comportamiento. Jesús exhortó a sus discípulos a demostrar su amor para con el guardando las palabras de su padre quien le había enviado. Pero sus exhortaciones a la obediencia transcendían sus palabras mostrándose a sí mismo como ejemplo. Esto está claramente demostrado cuando Jesús explica a sus discípulos que deben guardar sus mandamientos, así como él ha guardado los mandamientos de su padre (**Juan 15: 10**).

Entre todos los ejemplos que podemos referenciar, el más contundente es el de Jesús en Getsemaní. Entendiendo el dolor físico y emocional que estaba a punto de confrontar, en oración, le pidió al padre que le dejara *"pasar esta copa"*. En otras palabras, le preguntó a Dios si había otra forma de llevar a cabo este gran acto de redención. Siendo 100% hombre se encontraba en un momento extremadamente difícil. Siendo 100% Dios, con todo el poder y autoridad que eso implica, decidió darse a sí mismo como sacrificio por nuestros pecados. Este breve momento de humanidad, fue despedido rápidamente cuando Jesús digo *"hágase su voluntad"* (**Mateo 26:42**).

Jesús dependía totalmente de Dios en todo lo que hacía: (1) asumió el propósito con el cual fue enviado a la tierra; (2) asimiló el verdadero concepto de obediencia y lo enseñó a sus discípulos;

(3) constantemente consultó al Padre en oración para asegurarse que estaba haciendo su perfecta voluntad; y (4) aun poseyendo poder y autoridad, se eximió de usarlos por obediencia.

Beneficios de la Dependencia Total

He experimentado diversos beneficios durante mi jordana de aprendizaje hacia la dependencia total de Dios. Varios de estos beneficios han sido evidenciados a través de las diferentes etapas de mi vida. Aunque algunos de ellos se han manifestado en forma material, los que han cambiado mi vida de manera transcendental son los que han producido en mi *"un cada vez más excelente y eterno peso de gloria"* (**2 Corintios 4:17**). Estos beneficios que no se ven me han ayudado a quitar el enfoque de las cosas que son temporales tal como está relatado en el capítulo cuatro, titulado cuando me atreví a reclamarle a Dios.

Los que aprenden a depender de Dios totalmente pueden llegar a recibir los siguientes beneficios:

1. Nuevas fuerzas
2. Paz que sobrepasa todo entendimiento
3. La eliminación de la ansiedad al depositar nuestras cargas en Dios
4. Refugio y protección como resultado de nuestra obediencia
5. Mejor efectividad en el reino al enfocarnos en su voluntad
6. Identidad mediante nuestra relación íntima con Dios como padre
7. Sabiduría para tomar las decisiones correctas

REFLEXION FINAL

Prosigo a la meta, al premio del supremo llamamiento de Dios en Cristo Jesús.

Filipenses 3:14

REFLEXION FINAL

A través de mi historia explico con detalle los procesos vividos mediante los cuales he aprendido a ser dependiente de Dios en las diferentes áreas de mi vida. Dios ha escogido enseñarme a través de diversas experiencias para poder, por medio de ellas, enseñar a otros.

He tomado como ejemplo varios hombres de la Biblia quienes de una manera u otra experimentaron la dependencia total. Al igual que el apóstol Pablo he tenido que aprender a renovar mi entendimiento de manera drástica. Aunque los procesos que he atravesado han sido dolorosos, la renovación diaria de mi entendimiento ha sido una de las herramientas más efectivas para alcanzar la dependencia de Dios, asumiendo su voluntad sobre mi vida.

Como Job, experimenté la dependencia total de Dios al haberlo perdido todo. Igualmente he atravesado momentos donde mi fe se debilitaba, pero nunca se quebrantó. A diferencia de Jesús, y aunque he tomado duras decisiones que me han acercado al cumplimiento del propósito de Dios en mi vida, siento que todavía no estoy en un nivel de obediencia absoluta. Mi meta es cada día parecerme más a él, permitiendo que moldee mi carácter hasta asemejarse al suyo.

El caminar en completa dependencia de Dios todavía es parte de un proceso que estoy viviendo día a día. Aún durante la jornada de escribir mis experiencias en este libro tuve que vivir cada palabra que enseño en el entendiendo que el poder de Cristo se perfecciona en mi debilidad. He aprendido que mi dependencia de Dios no es producto de mi debilidad, sino de conocer a Dios en intimidad.

Soy imperfecta, pero estoy siendo perfeccionada en su amor y en todo lo que he aprendido a través de mis experiencias. La mayor enseñanza ha sido aprender a depender de Él para todo y en todo.

De una cosa estoy segura, mi llamado es continuar con la agenda de Jesús en al tierra y hablar al mundo de Él. Aunque atraviese fuertes obstáculos mi convicción no se inmuta ya que escuché su *"¡Sígueme!"* y su verdad me fue revelada al punto de adoptar su causa como propia. Prosigo a la meta, la *Dependencia Total.*